Maike Urbatzka

Betriebliche Altersversorgung

Die Durchführungswege im Vergleich

GRIN Verlag

Bibliografische Information der Deutschen Nationalbibliothek:

Die Deutsche Bibliothek verzeichnet diese Publikation in der Deutschen National-
bibliografie; detaillierte bibliografische Daten sind im Internet über http://dnb.d-
nb.de/ abrufbar.

Impressum:

Copyright © 2011 GRIN Verlag, Open Publishing GmbH
Druck und Bindung: Books on Demand GmbH, Norderstedt Germany
ISBN: 978-3-640-96715-5

Dieses Buch bei GRIN:

http://www.grin.com/de/e-book/175543/betriebliche-altersversorgung

GRIN - Your knowledge has value

Der GRIN Verlag publiziert seit 1998 wissenschaftliche Arbeiten von Studenten, Hochschullehrern und anderen Akademikern als eBook und gedrucktes Buch. Die Verlagswebsite www.grin.com ist die ideale Plattform zur Veröffentlichung von Hausarbeiten, Abschlussarbeiten, wissenschaftlichen Aufsätzen, Dissertationen und Fachbüchern.

Besuchen Sie uns im Internet:

http://www.grin.com/

http://www.facebook.com/grincom

http://www.twitter.com/grin_com

Betriebliche Altersver-
sorgung

Maike Urbatzka

Inhaltsverzeichnis

Abbildungsverzeichnis

Abkürzungsverzeichnis

bAV   Betriebliche Altersversorgung

BBG   Beitragsbemessungsgrenze in der Rentenversicherung West

BetrAVG   Betriebsrentengesetz

EStG   Einkommensteuergesetz

PSV   Pensions-Sicherungs-Verein

SvEV   Sozialversicherungsentgeltverordnung

VAG   Versicherungsaufsichtsgesetz

1 Einleitung

Die Deutschen werden immer älter. Langfristig werden immer weniger Beitragszahler immer mehr Rentner finanzieren müssen. Es gilt, eine Alternative zur gesetzlichen Rentenversicherung zu finden. Deshalb stärkte der Gesetzgeber durch die Verabschiedung des Alterseinkünftegesetzes am 1.1.2005 die Position der betrieblichen Altersversorgung.[1]

Zur Klassifizierung der Altersvorsorge dienen je nach Betrachtungsweise das Säulenmodell oder das Schichtenmodell. Die drei Säulen sind die gesetzliche Rente, die betriebliche Altersversorgung und die private Vorsorge. Nach Inkrafttreten des Alterseinkünftegesetzes lässt sich die Altersvorsorge auch in die Schichten Basisversorgung, Zusatzversorgung und

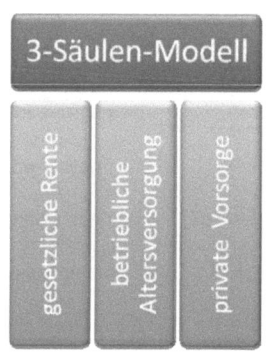

Abb. 2: 3-Säulen-Modell (selbst erstellt)

Abb. 1: 3-Schichten-Modell (selbst erstellt)

Restversorgung unterteilen. Die Basisversorgung umfasst neben der gesetzlichen Rente unter anderem auch die Rürup-Rente oder berufsständische Versorgung. In die zweite Schicht gehören die betriebliche Altersversorgung und die Riesterrente. Der Rest fällt unter die dritte Schicht.[2]

Die betriebliche Altersversorgung ist offen für alle Pflichtversicherten in der gesetzlichen Rentenversicherung.[3] Sie kann sowohl die finanzielle Absi-

---

[1] Gelhausen, S.7
[2] ebda.
[3] § 17 Abs.1 BetrAVG

3

cherung im Alter als auch die Hinterbliebenenversorgung im Todesfall und eine Invaliditätsversorgung beinhalten.[4]

---

[4] § 1 Abs.1 BetrAVG

2 Finanzierung und Zusage

Die betriebliche Altersversorgung kann entweder vom Arbeitgeber finanziert werden oder durch Entgeltumwandlung. In diesem Fall behält der Arbeitsgeber einen Teil des Gehaltes ein, um damit die Versorgung zu finanzieren. Auch Mischformen sind möglich.

Seit dem 1.1.2002 hat jeder Arbeitnehmer ein Recht auf Entgeltumwandlung bis zu einer Höhe von 4% der Beitragsbemessungsgrenze der Rentenversicherung West. Die Beitragsbemessungsgrenze ist der Betrag, bis zu dem man Sozialversicherungsbeiträge zahlen muss. 2011 sind dies jährlich 66.000 Euro, 4% sind also 2640 Euro.Der Mitarbeiter muss einen Mindestbeitrag umwandeln und der Arbeitsgeber kann gleichbleibende Monatsbeiträge verlangen[5]

Einer betrieblichen Altersversorgung liegt eine Zusage des Arbeitsgebers zugrunde.Man unterscheidet zwischen reiner Leistungszusage,beitragsorientierter Leistungszusage und einer Beitragszusage mit Mindestleistung. Die Zusageart legt der Arbeitsgeber fest, entweder individuell im Arbeitsvertrag oder kollektiv durch eine Betriebsvereinbarung.

Bei einer reinen Leistungszusage sagt der Arbeitgeber dem Arbeitsnehmer einen bestimmten Betrag als Rente oder Kapitalabfindung zu. Die Höhe ist meist abhängig von der Betriebszugehörigkeit. Die Höhe der Leistung steht also schon bei Erteilung der Zusage fest, daraus berechnet sich dann, was der Arbeitgeber monatlich aufwendet.

Bei einer beitragsorientierten Leistungszusage sagt der Arbeitsgeber dem Arbeitnehmer zu, dass er einen monatlichen Betrag anlegt. Daraus wird die zugesagte Leistung berechnet. Es ist nicht der Fall, dass der Arbeitgeber nur für die monatliche Beiträge gerade zu stehen hat, sondern er haftet auch für die Leistung.

Bei einer Beitragszusage mit Mindestleistung verpflichtet sich der Arbeitgeber, einen bestimmten Beitrag zu investieren. Die Leistung ergibt sich

---

[5] § 1a Abs.1 BetrAVG

erst im Versorgungsfall, die Summe der eingezahlten Beiträge, die nicht zur Absicherung des biometrischen Risikos verwendet wurden, ist jedoch garantiert.[6] Wird eine Invaliditäts- oder Hinterbliebenenleistung fällig, gilt diese Garantie nicht. Die Beitragszusage mit Mindestleistung ist nur in den Durchführungswegen Direktversicherung, Pensionskasse und Pensionsfonds möglich.[7]

3 Unverfallbarkeit

Zweck einer arbeitgeberfinanzierten Altersversorgung ist eine Belohnung für die Betriebstreue des Mitarbeiters. Deshalb hat der Arbeitnehmer, wenn er das Unternehmen nach kurzer Zeit wieder verlässt, keinen Anspruch auf die vom Arbeitgeber finanzierte Versorgung.[8]

Durch eine Versorgungszusage erhält der Arbeitnehmer eine Anwartschaft. Darunter versteht man eine gesicherte Rechtsposition auf eine zukünftige Leistung.[9] Diese Anwartschaft bleibt bei Ausscheiden erhalten, wenn der Mitarbeiter mindestens 25 Jahre alt ist und die Zusage mindestens fünf Jahre bestanden hat. Dies nennt man eine unverfallbare Anwartschaft.[10]

Scheidet der Arbeitnehmer früher aus dem Unternehmen aus, wird die Anwartschaft anteilmäßig gekürzt.[11]

Wenn die betriebliche Altersversorgung durch Entgeltumwandlung erfolgt, ist der Anspruch sofort unverfallbar.[12]

4 Pensions-Sicherungs-Verein

Um die Arbeitnehmer bei Insolvenz ihres Arbeitgebers vor dem Verlust ihrer Pensionsansprüche zu schützen, zahlen die Arbeitgeber bei einigen Durchführungswegen Beiträge in den Pensions-Sicherungs-Verein Versi-

---

[6]Gehlhausen, S.25
[7]Doetsch, S.14
[8]Gehlhausen, S. 27
[9]Doetsch, S.38
[10] §1b Abs.1 BetrAVG
[11]Gehlhausen, S. 27
[12] §1b Abs.5 BetrAVG

cherungsverein auf Gegenseitigkeit. Er ist der gesetzliche Träger der Insolvenzsicherung der betrieblichen Altersversorgung.[13]

Die insolvenzsicherungspflichtigen Arbeitgeber unterstützen sich im Insolvenzfall gegenseitig. Es sammelt also nicht jeder Beitragspflichtige eine Anwartschaft für sich selbst an, sondern die Leistung wird per Umlageverfahren finanziert. Deshalb sind die Beiträge nicht konstant, sondern schwanken in Abhängigkeit vom Schadenverlauf.[14]

5 Übertragung

Scheidet ein Arbeitnehmer mit einer unverfallbaren Anwartschaft aus dem Unternehmen aus, kann er seine erworbene Anwartschaft mitnehmen. Man unterscheidet zwischen einer Übernahme und einer Übertragung. Bei einer Übernahme führt der neue Arbeitgeber die Zusage unverändert fort.Seit dem 1.1.2005 ist gesetzlich geregelt, dass die Anwartschaft mit einem Betrag beziffert wird und der neue Arbeitgeber unter Umständen auch mit einem anderen Durchführungsweg eine wertgleiche Zusage erteilt. Dies nennte man Übertragung.[15]

Der Übertragungswert entspricht je nach Durchführungsweg[16] dem versicherungsmathematischen Barwert der Anwartschaft oder dem Deckungskapital des Versicherungsvertrages.[17]

Die mitgenommenen Anwartschaften sind beim neuen Arbeitgeber sofort insolvenzgeschützt.[18]

Ist die betriebliche Altersversorgung durch Entgeltumwandlung finanziert, kann der Arbeitnehmer bei Ausscheiden den Vertrag mit eigenen Beiträgen fortführen.[19]

---

[13] §7 BetrAVG
[14] Gehlhausen, S.12
[15] § 4 Abs.2 BetrAVG
[16] Siehe Kapitel 0
[17] Doetsch, S.48
[18] Gehlhausen, S.30
[19] Gehlhausen, S.30

6 Durchführungswege

Es gibt fünf Wege, betriebliche Altersversorgung durchzuführen. Dabei kann man zwischen den versicherungsförmigen Durchführungswegen Direktversicherung, Pensionskasse und Pensionsfonds einerseits und den nicht versicherungsförmigen Unterstützungskasse und Direktzusage unterscheiden. Eine weitere Differenzierung ist zwischen den mittelbaren Zusagen Direktversicherung, Pensionskasse, Pensionsfonds und Unterstützungskasse im Gegensatz zur unmittelbaren Direktzusage möglich.[20]

Den Durchführungsweg legen Arbeitgeber und Arbeitnehmer entweder individuell oder kollektiv durch eine Betriebsvereinbarung fest. Bietet der Arbeitgeber noch keinen Durchführungsweg an, kann der Arbeitnehmer auf jeden Fall Entgeltumwandlung in eine Direktversicherung verlangen. Den Anbieter legt dabei der Arbeitgeber fest. Bietet der Arbeitgeber eine Pensionskasse oder einen Pensionsfonds an, ist der Arbeitsnehmer daran gebunden.[21]

6.1 Direktversicherung

Bei Zusage einer Direktversicherung, schließt der Arbeitgeber einen Lebensversicherungsvertrag auf das Leben des Arbeitnehmers bei einem Lebensversicherungsunternehmen ab. Die versicherte Person ist also der Arbeitnehmer, Versicherungsnehmer und Beitragszahler ist der Arbeitgeber. Dies gilt auch, wenn die Versicherung durch Entgeltumwandlung finanziert wird. In diesem Fall behält der Arbeitgeber die Beiträge vom Gehalt ein und überweist sie dann.[22] Im Leistungsfall sind der Arbeitnehmer oder seine Hinterbliebenen bezugsberechtigt.[23] Dazu zählen der Ehegatte, sofern die Ehe zum Zeitpunkt des Todes noch bestand, Lebenspartner bei eingetragener Lebenspartnerschaft und Kinder, für die ein Kindergeldanspruch besteht.

---

[20]Buddecke, S.3
[21]Gehlhausen, S.15
[22]Doetsch, S.17
[23] §4b EStG

Die Direktversicherung unterliegt der Aufsicht der Bundesanstalt für Finanzdienstleistungsaufsicht und der Anlageregulierung nach dem Versicherungsaufsichtsgesetz. Das heißt, dass eine sichere Rendite im Vordergrund steht und die Beiträge nur bis zu 35% in Aktien investiert werden dürfen.[24] Durch die strenge Regulierung und die versicherungseigenen Schutzmechanismen ist bei der Direktversicherung keine Mitgliedschaft im PSV notwendig.[25]

6.2 Pensionskasse

Pensionskassen sind rechtlich selbstständige Lebensversicherungsunternehmen. Im Gegensatz zu den Unternehmen, bei denen eine Direktversicherung abgeschlossen wird, werden die Pensionskassen jedoch von einem oder mehreren Unternehmen getragen und betreiben ausschließlich kapitalgedeckte Absicherung gegen Wegfall des Arbeitseinkommens.[26] Der Arbeitnehmer hat einen direkten Rechtsanspruch auf die vereinbarten Leistungen gegenüber der Pensionskasse.[27]

Pensionskassen können in der Rechtsform eines Versicherungsvereins auf Gegenseitigkeit oder einer Aktiengesellschaft geführt werden.[28]

Die Konstellation von versicherter Person, Versicherungsnehmer, Beitragszahler und Bezugsberechtigten ist bei der Pensionskasse identisch wie in der Direktversicherung. Ebenso wie die Direktversicherung unterliegt die Pensionskasse der staatlichen Versicherungsaufsicht und ist nicht PSV-pflichtig.[29]

6.3 Pensionsfonds

Die jüngste Form der betrieblichen Altersversorgung ist der seit dem 1. Januar 2002 zulässige Pensionsfonds.[30] Ein Pensionsfonds ist eine rechtsfähige Vorsorgeeinrichtung, die jedoch keine versicherungsförmigen Garantien abgeben darf. Er gibt stattdessen eine Kapitalerhaltungsgaran-

---

[24] Es gibt Ausnahmeregelungen für fondsgebundene Direktversicherungen. Dort ist auf jeden Fall ein Kapitalerhalt garantiert.
[25] Gehlhausen, S.13
[26] §118a VAG
[27] Gehlhausen, S.14
[28] Doetsch, S.20
[29] Gehlhausen, S.14
[30] a.a.O, S.8

tie.[31]Ebenso wie die Pensionskasse ist er von einem oder mehreren Arbeitsgebern zum Zweck der betrieblichen Altersversorgung betrieben. Die Leistung wird als lebenslange Rente ausgezahlt. Der Arbeitgeber hat einen Rechtsanspruch an den Pensionsfonds.[32]

Der Pensionsfonds orientiert sich am angelsächsischen Vorbild und ist flexibler in seinen Anlagemöglichkeiten als die Direktversicherung und die Pensionskasse. Er kann stärker am Aktienmarkt partizipieren. Dadurch ergeben sich höhere Renditechancen, aber auch ein erhöhtes Risiko.

Auch der Pensionsfonds unterliegt der Aufsicht der Bundesanstalt für Finanzdienstleistungsaufsicht und dem Versicherungsaufsichtsgesetz, wegen des höheren Risikos ist er aber PSV-pflichtig, jedoch nur mit einem Fünftel des regulären Beitrages.[33]

6.4 Direktzusage

Die am stärksten verbreitete Form der betrieblichen Altersversorgung ist die Direktzusage, auch als Pensionszusage bezeichnet.Im Unterschied zu den vorgenannten Durchführungswegen sagt der Arbeitgeber in diesem Fall die Leistung unmittelbar zu und spart das Geld für den Leistungsfall imUnternehmen an. Das erhöht die Liquidität. Er trägt also das Risiko, dass ein Arbeitnehmer überdurchschnittlich lange lebt, vor Rentenbeginn stirbt oder Invalide wird, selbst. Im Gegensatz zu Versicherungsunternehmen ist bei den meisten Arbeitgebern die Anzahl der Zusagen kleiner, weshalb der Ausgleich des Risikos über das Kollektiv nicht in demselben Maße erfolgt. Auch der Verwaltungsaufwand ist höher als bei den mittelbaren Durchführungswegen.[34]

Wegen des hohen Risikos ist es – insbesondere bei wenigen Mitarbeitern - üblich eine Rückdeckungsversicherung abzuschließen. Ähnlich wie bei einer Direktversicherung schließt der Arbeitgeber eine Versicherung auf das Leben des Arbeitnehmers ab, um sein eigenes finanzielles Risiko abzudecken. Er ist also selbst bezugsberechtigt. Der Arbeitnehmer hat einen

---

[31] Busse, S.749
[32] §112 Abs.1 VAG
[33]Gehlhausen, S.14
[34] Busse, S.749

Anspruch an seinen Arbeitgeber und nicht an die Rückdeckungsversicherung.

Die Höhe der Beiträge und Leistungen der Direktzusage unterliegen keinen Beschränkungen. Meistens richtet sie sich nach der Betriebszugehörigkeit und der Höhe des früheren Einkommens. Zur Insolvenzabsicherung zahlt der Arbeitgeber Beiträge an den Pensionssicherungsverein.[35]

6.5 Unterstützungskasse

Eine Unterstützungskasse ist wie die Pensionskasse und der Pensionsfonds eine von einem oder mehreren Arbeitgebern gegründete rechtlich selbständige Versorgungseinrichtung, unterliegt aber im Gegensatz zu diesen nicht der Versicherungsaufsicht.[36] Meistens ist sie ein eingetragener Verein oder eine GmbH, gelegentlich auch eine Stiftung.

Die Unterstützungskasse erhält von den Trägerunternehmen Zuwendungen. Durch dieses und durch eigene Vermögenserträge baut sie Sondervermögen auf.[37] Ein Teil des anzusparenden Vermögens kann als Darlehen in den Unternehmen gelassen werden um dort die Liquidität zu erhöhen.[38] Gruppenunterstützungskassen reduzieren den Verwaltungsaufwand für die einzelnen Unternehmen, verlangen dafür jedoch eine Gebühr.[39]

Der Arbeitnehmer hat keinen Rechtsanspruch an die Unterstützungskasse. Der Arbeitgeber muss jedoch auch für die Erfüllung seiner Zusage einstehen, wenn die Durchführung nicht unmittelbar über ihn erfolgt.[40]

Weil die Unterstützungskasse nicht der Versicherungsaufsicht unterliegt, kann sie ihr Vermögen frei anlegen und ist damit flexibler als die versicherungsförmigen Durchführungswege. Dadurch ergibt sich ein höheres Risiko, das wie bei einer Direktzusage mit einer Rückdeckungsversicherung

---

[35]Gehlhausen, S.11
[36] §1 Abs.3 VAG
[37]Doetsch, S.16
[38] Busse, S.749
[39]Gehlhausen, S.12
[40] §1 Abs.1 Satz 3 BetrAVG

abgedeckt werden kann. Wegen dieses Risikos müssen Beiträge im Pensionssicherungsverein geleistet werden.[41]

---

[41]Gehlhausen, S.12

7 Steuer und Sozialversicherungsabgaben

Beiträge in eine Direktversicherung, einen Pensionsfonds oder eine Pensionskasse sind bis zu einer Höhe von 4% der BBG steuerfrei. Dieser Betrag kann sich um 1800 Euro jährlich erhöhen, wenn die Zusage nach dem 31.12.2004 erteilt wurde.[42]

Ebenfalls bis zu einer Höhe von 4% der BBG sind die Beiträge auch sozialversicherungsfrei, jedoch nicht die zusätzlichen steuerfreien 1800 Euro.[43] Dadurch vermindern sich für den Arbeitgeber die Lohnnebenkosten.

Die Leistungen sind als sonstige Einkünfte voll steuerpflichtig[44]Auch Beiträge zur Kranken- und Pflegeversicherung müssen gezahlt werden.[45]

In der Unterstützungskasse und Direktversicherung sind die Beiträge des Arbeitsgebers in voller Höhe steuer- und sozialabgabenfrei. Beiträge aus Entgeltumwandlung sind komplett steuerfrei und bis 4% der BBG sozialversicherungsfrei. Die Leistungen sind voll zu versteuern.[46]

Zusagen mittels einer Direktversicherung, Pensionskasse oder eines Pensionsfonds sind riesterzulagenberechtigt.[47] Die Tarife müssen nicht zertifiziert werden. Diese Förderung gilt nur, wenn eine lebenslange Rente vereinbart ist.

Bei Entgeltumwandlung kann gegebenenfalls ein Sonderausgabenabzug möglich sein. Die Beiträge der Entgeltumwandlung gelten als Sonderausgaben. Sofern die Steuerersparnis durch die Sonderausgaben die Zulage übersteigt, kann die Differenz steuermindernd geltend gemacht werden.[48]

---

[42] § 3 Abs. 63 EStG
[43] § 1 Abs.1 Nr.9 SvEV
[44] § 22 Nr.5 EStG
[45]Gehlhausen, S.17
[46] § 19 Abs.1 Nr. 2 EStG
[47] § 10a EStG
[48]Gehlhausen, S.19

8 Bilanzierung

In den Durchführungsformen Direktversicherung, Pensionskasse, Pensionsfonds und Unterstützungskasse hat die bAVkeine Auswirkungen auf die Bilanz, die Beiträge bzw. Aufwendungen –auch für Rückdeckungsversicherungen - sind Betriebsausgaben gemäß §4 EStG und mindern den zu versteuernden Gewinn.

Bei einer Direktzusage bildet der Arbeitsgeber Rückstellungen im Unternehmen[49] Diese sind steuermindernde Aufwände. Durch das 2009 in Kraft getretene Bilanzrechtsmodernisierungsgesetz hat sich die Berechnung der Rückstellungen geändert. Sie orientieren sich stärker an der erwarteten Auszahlung, so dass Gehalts- und Rentensteigerungen einberechnet werden.schließt der Arbeitgeber eine Rückdeckungsversicherung ab, so wird diese auf der Aktivseite der Bilanz aufgeführt. Die Auszahlungen im Leistungsfall sowie gegebenenfalls Beiträge zur Rückdeckungsversicherung gelten als Betriebsausgabe.[50]

---

[49] § 6a EStG
[50] Busse, S.749

14

9 Fazit

Die gesetzliche Rente ist nicht mehr sicher. Dadurch erhöht sich die Eigenverantwortung jedes einzelnen. Die betriebliche Altersversorgung bietet mit ihren verschiedenen Durchführungswegen viel Flexibilität, um eine für Arbeitgeber und Arbeitnehmer ideale Lösung zu finden.

Die Direktversicherung eignet sich besonders gut, um verwaltungs- und risikoarm den gesetzlichen Mindestanspruch des Arbeitnehmers auf Entgeltumwandlung umzusetzen. Deshalb wird sie häufig von kleinen und mittleren Betrieben gewählt.

Wenn das Augenmerk auf eine möglichst hohe Absicherung gelegt wird, ist die Direktzusage oder die Unterstützungskasse besonders geeignet, da es in diesem Durchführungsweg keine Begrenzungen der Beiträge und Leistungen gibt. Gerade für Führungskräfte in gehobener Position kann so ein finanzieller Anreiz durch den Arbeitgeber geschaffen werden, ohne dass wie bei einer Gehaltserhöhung ein großer Teil versteuert werden muss.

Mittels einer betrieblichen Altersversorgung kann der Arbeitnehmer Steuern und Sozialabgaben sparen. Zwar werden diese später auf die Leistungen fällig, jedoch ist der individuelle Steuersatz im Alter meistens geringer als während der Zeit als aktiver Arbeitsnehmer. Außerdem fallen die Beiträge zur Arbeitslosenversicherung weg.

Auch der Arbeitgeber spart Lohnnebenkosten. Zusätzlich bietet ihm die betriebliche Altersversorgung die Möglichkeit, seine Wettbewerbsposition auf dem Arbeitsmarkt zu stärken und treue Mitarbeiter zu belohnen.

Langfristiges Ziel um unser Rentensystem zu stabilisieren, ist es, dass die Hälfte der Rentenleistungen aus der gesetzlichen Rentenversicherung kommt, die andere Hälfte aus der betrieblichen und privaten Altersversorgung.[51]

---

[51] Gelhausen, S.7

Quellenverzeichnis

Internetquellen

Betriebsrentengesetz vom 19. Dezember 1974 (BGBl. I S. 3610), das zuletzt durch Artikel 4e des Gesetzes vom 21. Dezember 2008 (BGBl. I S. 2940) geändert worden ist, URL:http://www.gesetze-im-internet.de/betravg/index.html

Einkommensteuergesetz in der Fassung der Bekanntmachung vom 8. Oktober 2009 (BGBl. I S. 3366, 3862), das zuletzt durch Artikel 1 des Gesetzes vom 5. April 2011 (BGBl. I S. 554) geändert worden ist, URL:http://www.gesetze-im-internet.de/estg/index.html

Sozialversicherungsentgeltverordnung vom 21. Dezember 2006 (BGBl. I S. 3385), die zuletzt durch Artikel 1 der Verordnung vom 10. November 2010 (BGBl. I S. 1751) geändert worden ist, URL: http://www.gesetze-im-internet.de/svev/index.html

Versicherungsaufsichtsgesetz in der Fassung der Bekanntmachung vom 17. Dezember 1992 (BGBl. 1993 I S. 2), das durch Artikel 3 des Gesetzes vom 1. März 2011 (BGBl. I S. 288) geändert worden ist, URL: http://www.gesetze-im-internet.de/vag/__65.html

Literaturverzeichnis

Buddecke, Maximilian: Varianten der betrieblichen Altersvorsorge, GRIN Verlag, 2010

Busse, Franz-Joseph: Grundlagen der betrieblichen Finanzwirtschaft, 5. Auflage, München: Oldenbourg Wissenschaftsverlag GmbH, 2003

Doetsch, Peter A. u.a.: Betriebliche Altersversorgung – Ein praktischer Leitfaden, 2. Aktualisierte Auflage, München: Rudolf Haufe Verlag GmbH & Co. KG, 2009

Gelhausen, Stephan u.a.: Die betriebliche Altersversorgung, Hrsg.: ZUKUNFT klipp+klar Informationszentrum der deutschen Versicherer, Karlsruhe: Verlag Versicherungswirtschaft GmbH